Susann Bontrup

Die Lenormandkarten

- Wegweiser im Leben

Deutungen und Legungen

AF138820

Liebe Leserin, lieber Leser,
das vorliegende Buch beinhaltet Deutungsmöglichkeiten und Legungen der Lenormandkarten. Jeder von Ihnen ist individuell, daher legt jeder die Karten auf seine Art. Es gibt keinen allgemein gültigen Weg, wie Sie Ihre Legungen und Beratungen durchführen.
Daher kann seitens des Verlages und der Autorin für eventuell ergebende Fehlinterpretationen oder Fehlberatungen seitens der Leserschaft keine Verantwortung übernommen werden.

Inhalt

In Liebe meinem wunderbaren Mann
Marco gewidmet.

Das Legen von Karten ist eine alte Tradition, die mich seit Jahren fasziniert. Bereits seit Jahrhunderten lassen sich Menschen aus der Hand lesen, die Karten legen oder einen Blick in eine Kristallkugel werfen, um ihre Zukunft zu erfahren. Mit diesen Informationen haben sie ihr Leben beeinflusst, sei es, dass sie hoffnungsvoll in die Zukunft blicken oder zukünftig achtsam mit ihrem Leben und ihren Entscheidungen umgehen, um negative Konsequenzen zu vermeiden.

Karten sind das Spiegelbild Ihrer Seele. Legen Sie Karten, dann blicken Sie auf Ihre Gefühle, Bedürfnisse, Ängste, Erfahrungen, Lebensinhalte und Beziehungen. Es gibt viele verschiedene Kartendecks, wie z.B. das Tarot, die Kipperkarten und die Zigeunerkarten. Mich begleiten in meiner Lebensberatung seit Jahren die Lenormandkarten. Diese Karten nach Madame Lenormand sind durch ihre klare Bildsprache leicht verständlich und einfach mit unseren Lebenssituationen zu verknüpfen.

In diesem Buch möchte ich Ihnen vorstellen, wie die Lenormandkarten Sie in Ihrem Leben als Wegweiser unterstützen können. Haben Sie Sorgen, Ängste oder stehen Sie vor einer Entscheidung? Wollen Sie einen Blick auf Ihr Leben werfen, um sich über Ihre Ziele, Träume und Wünsche klar zu werden? Haben Sie Fragen zu Beziehungen in Ihrem Leben? Das Legen der Lenormandkarten kann Ihnen helfen, sich über sich selbst Klarheit zu erlangen. Bei jeder Entscheidung ist es wichtig zu wissen, wer wir sind, um auch das zu erreichen, was wir wollen. Die Karten nehmen Ihnen nicht Ihr Schicksal aus der Hand. Sie können jederzeit das Steuerrad herumschwenken und einen neuen Kurs einschlagen. Die Karten zeigen Ihnen auf bzw. geben Ihnen Hinweise, welche Konsequenzen Ihre Entscheidungen haben könnten und wie Ihr Leben zukünftig verlaufen würde, wenn Sie nichts verändern.

Ziel meines Buches ist es, Sie zu ermuntern, sich mit Ihnen selbst auseinanderzusetzen, Zeit für sich zu schaffen, Ihre Bedürfnisse und Gefühle zu erkennen, um künftig achtsam mit sich umgehen zu können.

Ich wünsche Ihnen viel Freude und Erkenntnisgewinn!

Ihre Susann Bontrup

Wie Sie die Lenormandkarten legen und selbst deuten

Haben Sie die Lenormandkarten zum ersten Mal in Ihrer Hand? Gönnen Sie sich die Zeit und lernen Sie die Karten kennen. Sie können dies erreichen, indem Sie jede Karte einzeln betrachten. Schauen Sie sich die jeweiligen Bilder an und machen Sie sich mit den einzelnen Motiven vertraut. Vielleicht fällt Ihnen eine Karte besonders ins Auge?

Um die Bedeutung der Karten kennen zu lernen, spüren Sie auch immer Ihren eigenen Impulsen nach. Diese spielen neben den im Buch vorliegenden Beschreibungen der Karten bei der Interpretation eine wichtige Rolle.

Versuchen Sie sich stets einen Zeitraum zu schaffen, in dem Sie ohne Störungen bzw. ohne Unterbrechungen die Legungen durchführen können.

Für die Art des Mischens und des Ziehens der Karten gibt es viele verschiedene Ansichten, wie diese erfolgen sollten. Wichtig ist es, sich sicher und wohlzufühlen. Die Karten sind das Spiegelbild Ihrer Seele, also mischen Sie die Karten so, wie Sie es gewohnt sind oder wie Sie es wollen. Beim Mischen konzentrieren Sie sich auf sich selbst und auf Ihre Fragen bzw. Themen. Anschließend ziehen Sie die Karten mit der Hand, die Sie als angenehm empfinden.

Sie können sich ein Ritual angewöhnen, einen Platz zum Legen der Karten einrichten oder sie einfach dort auslegen, wo Sie es gerade passend finden. Die Karten werden immer für Sie als Spiegel dienen, denn darin steckt ihre Kraft und Bedeutung.

Legen Sie die Karten verdeckt aus. Deuten Sie jede Karte einzeln und danach in Zusammenhang mit ihren Umgebungskarten, d.h. den Karten, die um sie herum positioniert sind. Bei der Interpretation der Karten folgen Sie Ihren Ideen, Gefühlen und Ihrer Intuition. Was löst das Betrachten der Karte in Ihnen aus? Womit verknüpfen Sie die Bilder? Was fällt Ihnen an der Karte auf? Wie fühlen Sie sich mit dieser Karte? Erinnert Sie die Karte an etwas oder jemanden? All dies fließt in die Deutung der Karten mit ein.

Am Ende der Interpretation betrachten Sie das Gesamtbild, das sich Ihnen bietet und ziehen Sie auch daraus Ihre Schlüsse. Haben die Karten Ihre Hoffnungen erfüllt? Gibt es eine Karte, die Ihnen besonders auffällt? Sind Sie von dem Ergebnis enttäuscht oder dennoch ratlos? Haben Sie stets den Mut, andere um Hilfe zu bitten und das Gespräch zu suchen, um einen anderen Blickwinkel auf Ihre Fragen zu erhalten. Sie können auch das Kartenbild aufschreiben und sich mit diesem zu einem späteren Zeitpunkt noch einmal auseinandersetzen. Abstand hilft oft, die Dinge besser zu verstehen.

Viele Menschen nutzen die Tageskarte als Einstieg, um sich mit den Karten vertraut zu machen. Morgens oder abends ziehen Sie eine Karte und bereiten sich auf den Tag vor bzw. reflektieren den Tag. Sie können ein Tagebuch anfertigen, in dem Sie Ihre Tageskarten und Ihre Interpretationen aufschreiben. Dadurch haben Sie die Möglichkeit Ihre Deutungen wieder hervorzuholen. Sie werden feststellen, dass diese unterschiedlich ausfallen werden. Das liegt daran, dass sich Einstellungen, Dinge oder Personen in Ihrem Leben verändern.

Haben Sie Vertrauen in Ihre Deutungen. Mit jeder Legung üben Sie das Kartendeuten und werden sicherer. Setzen Sie sich nicht mit der Erwartung, alles richtig zu machen, unter Druck.

Das Kartenlegen ist ein Erfahren und Erleben und jeder hat seine individuelle Art, dies zu verwirklichen. Hören Sie auf Ihren Verstand wie auf Ihre Gefühle. Lassen Sie sich von inneren Bildern leiten. Sie werden Ihren Weg finden!

Der Reiter – Karte 1:

Bedeutung: positive Nachrichten, geistige Arbeit, Aktivitäten bzw. Unternehmungen

Person: ein jüngerer Mann

Zeitraum: zeitnah, bald

Der Reiter bringt gute Nachrichten und Bewegung in Ihr Leben.

Der Klee – Karte 2:

Bedeutung: Glück, Freude, Frohsinn, Spaß

Zeitraum: bald, in Kürze

Der Klee ist eine Karte des Glücks und der Freude. Dies überträgt er auf seine Umgebungskarten und weist somit beispielsweise daraufhin, dass Probleme leichter gelöst werden.

Das Schiff – Karte 3:

Bedeutung: Geduld haben, passiv sein, Hoffnungen, Wünsche, Sehnsüchte, Reise

Zeitraum: ein längerer Zeitraum

Ein Schiff geht auf Reisen und symbolisiert somit

Träume und Hoffnungen. Jedoch dauert eine Reise ihre Zeit und deshalb steht diese Karte auch für Geduld oder abwarten müssen.

Das Haus – Karte 4:

Bedeutung: Zuhause, Haus, Wohnung, Familie, Stabilität, Geliebter

Person: liebenswerter, reiferer Mann

Zeitraum: dauerhaft

Das Haus ist ein Symbol für Ihr Zuhause. Wo oder mit wem fühlen Sie sich Zuhause? Diese Karte steht dafür. Sie ist zudem ein Verweis auf Stabilität und Beständigkeit.

Der Baum – Karte 5:

Bedeutung: das Leben, Gesundheit, Stabilität, Verwurzelung, Entwicklung (etwas wächst), Geduld haben, Trägheit

Zeitraum: neun bis zwölf Monate

Ein Baum wächst und wird mit den Jahren stetig größer und seine Wurzeln stärker. Diese Karte steht für Entwicklung, die ihre Zeit braucht. Ein Baum widersteht zudem Stürmen und Unwettern. Deshalb symbolisiert die Karte auch Gesundheit, Stärke, das Leben und Stabilität.

Die Wolken – Karte 6:

Bedeutung: Schwierigkeiten, Unklarheiten

Person: schwieriger, komplizierter, launischer, unzuverlässiger Mann aus der näheren Umgebung (Familie, Freunde, Kollegen)

Zeitraum: Herbst

Die Wolken türmen sich am Himmel und ein Sturm kommt auf. Sie sind ein Hinweis auf Schwierigkeiten, aber auch Unklarheiten in Bezug auf Themen, die Sie beschäftigen. Um welche Themen bzw. Fragen es geht, zeigen die Umgebungskarten.

Die Schlangen – Karte 7:

Bedeutung: Verwicklungen, Hinterlist, Umwege, Verführung

Person: gerissene, schwierige, komplizierte weibliche Person aus der näheren Umgebung (Familie, Freunde, Kollegen)

Zeitraum: sich gedulden, Verzögerungen

Die Schlangen warnen vor Verwicklungen oder auch Umwegen, die Ihnen bevorstehen. Sie können auch ein Hinweis auf Hinterlist oder auch Falschheit sein. Schauen Sie sich die Umgebungskarten an. Sie zeigen Ihnen, worum es geht.

Der Sarg – Karte 8:

Bedeutung: Veränderung (in jedem Ende steckt ein Neuanfang), Transformation, aber auch ein Hinweis auf Stillstand oder das etwas nicht in Ordnung ist

Zeitraum: Ewigkeit

Der Sarg steht als Symbol für ein Ende. Es geht nicht um den physischen Tod, sondern darum, dass ein Lebensabschnitt, ein Problem, eine Beziehung etc. auf ihr Ende zugeht. In jedem Ende steckt ein Neuanfang. Der Sarg symbolisiert somit auch die Transformation, die Sie durchlaufen werden. Jede Weiterentwicklung macht uns ein Stück reifer und lässt Sie klarer erkennen, was Sie sich für Ihr Leben wünschen. Auch hier zeigen die Umgebungskarten, um welches Thema es geht.
Falls Sie in irgendeiner Sache feststecken oder das Gefühl haben, etwas ist nicht in Ordnung, hilft der Sarg Ihnen, Klarheit zu gewinnen. Seine Umgebungskarten decken Ihr Thema auf.

Die Blumen – Karte 9:

Bedeutung: Einladungen, Besuch, Freude, unerwartetes Glück

Person: freundliche, schöne weibliche Person mit einem natürlichen Charme

Zeitraum: Frühling

Die Blumen stehen für eine positive und erfreuliche Begebenheit, wie z.B. eine Einladung zu einer Feier (neben dem Park), ein Treffen mit einem Menschen

(Personenkarte) oder ein Geschenk.

Die Sense – Karte 10:

Bedeutung: Vorsicht, Warnung, Belastung, Ernten was gesät wurde

Person: jüngerer, bisweilen hitziger, unreiferer Mann

Zeitraum: plötzlich, überraschend

die Sense vor einer Karte: Warnung, Vorsicht
die Sense hinter einer Karte: kommt überraschend, plötzlich, ernten was gesät wurde
die Sense über einer Karte: die Karte unter der Sense wird belastet

Die Sense ist eine Karte, die auf etwas hinweist, dem Sie Ihre Aufmerksamkeit schenken sollten. Sie steht ebenfalls für selbstständiges Handeln. Sie nehmen etwas in die Hand und erhalten Ihren Lohn. Die Sense kann auch für Belastungen in Ihrem Leben stehen. Die Lage der Karte ist entscheidend.

Die Ruten - Karte 11:

Bedeutung: Kommunikation, Gespräche, Streit, Diskussion, darüber liegend: Zahl 2

Person: unternehmungslustiger, jüngerer Mann

Die Ruten stehen für Kommunikation und alles, was mit ihr zusammenhängt.

Die Vögel – Karte 12:

Bedeutung: kurze Aufregungen, Hektik, Stress, Sorgen, darüber liegend: Zahl 2

Person: meistens zwei ältere Menschen, die miteinander verbunden sind

Die Vögel zeigen in welchen Bereichen Sie unter Stress oder Hektik leiden. Vorwiegend sind dies jedoch nur kurze Aufregungen, die das Leben nicht nachhaltig verändern.

Das Kind – Karte 13:

Bedeutung: Neubeginn, Kind/ Kinder, kindliches naives Denken, etwas Neues, Kinderwunsch, neben den Störchen und Lilien ist sie ein Hinweis auf eine Schwangerschaft

Person: Kind bis zur Pubertät (Tochter oder Sohn)

Zeitraum: Anfang, Beginn

Das Kind symbolisiert einen Neubeginn einer Lebenssituation, insbesondere wenn Ihre Personenkarte in der Nähe liegt. Die Zeit für einen Neuanfang ist gekommen!
In Zusammenhang mit den Störchen und den Lilien ist das Kind ein Hinweis auf eine Schwangerschaft. Es können zudem auch Kinder, Nichten, Neffen, Enkel durch diese Karte dargestellt werden.

Der Fuchs – Karte 14:

Bedeutung: Betrug, List, Täuschung, Misstrauen, Lügen

Person: falsche, hinterlistige Person

Zeitraum: nicht der richtige Zeitpunkt

Der Fuchs ist eine Warnung. Etwas läuft falsch bzw. jemand ist unehrlich. Prüfen Sie die Umgebungskarten. Liegt der Fuchs in der Nähe Ihrer Personenkarte, deutet er daraufhin, dass Sie nicht ganz ehrlich zu sich selbst sind. Der Fuchs fordert Sie auf, sich der Wahrheit zu stellen.
Stehen Sie kurz vor einer Entscheidung, bittet diese Karte Sie, alle Fakten noch einmal genau zu überprüfen und nichts zu übereilen.

Der Bär – Karte 15:

Bedeutung: Stärke, Kraft, Diplomatie, Souveränität, Macht

Person: reifere meist ältere Person wie z.B. Vater, Großvater; eine Person mit Autorität wie der Chef oder auch eine Behörde

Zeitraum: zehn bis zwanzig Jahre

In Bezug auf Situationen symbolisiert der Bär Stabilität, Kraft und Stärke. Er steht auch für Menschen aus Ihrem Leben, die für Sie Diplomatie, Souveränität, Macht und Stärke verkörpern.

Die Sterne – Karte 16:

Bedeutung: Vollkommenheit, Klarheit, Glück, Erfüllung, Spiritualität, Zahl: viele

Person: viele Personen

Zeitraum: Nacht

Dies ist eine sehr positive Karte. Die Sterne bedeuten Glück, Erfolg, Erfüllung und Klarheit. Pläne werden verwirklicht, Ideen entwickelt und neue Schritte gewagt. *Greifen Sie nach den Sternen!*

Die Störche – Karte 17:

Bedeutung: Veränderung, Transformation, Wandlung (innerlich wie äußerlich)

Person: liebevolle, sanfte und hingebungsvolle weibliche Person

Zeitraum: es ist an der Zeit, etwas zu verändern

Die Karte links neben den Störchen: steht für die Ursache der Veränderung
Die Karte rechts neben den Störchen: zeigt die Konsequenzen der Veränderung

Die Störche zeigen Ihnen durch ihre Umgebungskarten, was sich in Ihrem Leben verändern wird bzw. verändern muss. Dies kann sich auf verschiedenste Lebenssituationen wie Beruf, Alltag, Hobbys etc. beziehen. Es können aber auch Einstellungen, Verhaltensweisen oder Ziele gemeint sein. Fühlen Sie sich in einem Ihrer Lebensbereiche nicht wohl, weisen die Störche Sie daraufhin und ermutigen Sie zu Veränderungen. Schon Kleinigkeiten, wie im Job auf regelmäßige Pausen zu achten und sich somit selber wichtiger zu nehmen, können Ihr Wohlbefinden stärken.

Der Hund – Karte 18:

Bedeutung: Zuverlässigkeit, Treue, Freundschaft, Vertrauen, Stabilität einer Situation

Person: Freund, Freundin, Freundeskreis

Zeitraum: etwas ist von Dauer, langfristig

Der Hund kennzeichnet einen Menschen, dem Sie vertrauen können bzw. der Sie unterstützt und für Sie da ist. Zudem steht diese Karte auch dafür, dass eine Situation stabil ist bzw. längerfristig andauern wird. Um welche Situation es sich handelt, zeigen die Umgebungskarten.

Der Turm – Karte 19:

Bedeutung: Isolation, Trennung, Abgeschiedenheit, Einsamkeit, Rückzug, Behörde, Zahl: 1

Person: Führungsperson; egoistischer, dominanter Mensch

Der Turm weist Sie darauf hin, zu wem oder zu was Sie sich innerlich oder äußerlich abgegrenzt haben. Diese Abgrenzung kann zu Blockaden führen, die im Leben hinderlich sein können und der Turm lenkt die

Aufmerksamkeit darauf. Zudem steht er auch für Behörde, falls Sie sich gerade mit einer auseinandersetzen.

Der Park – Karte 20:

Bedeutung: Öffentlichkeit, viele Menschen, Kunden, gesellschaftliches Zusammentreffen, öffentliche Orte, wie z.b. Parks, Einkaufszentren, Restaurants, Zahl: viele

Person: viele Personen

Der Park steht für die Gesellschaft, Öffentlichkeit und viele Menschen. Es geht um Orte, an denen Sie mit anderen Menschen in Kontakt treten. Es können auch Einladungen oder Treffen stattfinden. Die Umgebungskarten zeigen es Ihnen.

Der Berg – Karte 21:

Bedeutung: Blockaden, Hindernisse, Schwierigkeiten, Frustration

Person: dominante, schwierige männliche Person

Zeitraum: Blockade

Der Berg zeigt auf, welche Hindernisse auf Ihrem Weg liegen, die das Erreichen Ihres Zieles verzögern bzw. verhindern. Es geht dabei um innere oder äußere Blockaden, die durch die Umgebungskarten näher erläutert werden. Sie können mithilfe dieser Karte Licht ins Dunkel bringen, wenn Sie in einer Situation feststecken und nicht wissen, warum es sich nicht weiterentwickelt.

Die Wege – Karte 22:

Bedeutung: Wendepunkt, Scheideweg, Entscheidungen, Weggabelung, Zahl: 2

Person: tatkräftige und entschlossene Frau

Zeitraum: sechs bis sieben Wochen

Die Karte zeigt auf, dass eine Entscheidung ansteht. Wofür Sie sich entscheiden, liegt bei Ihnen. Keine Karte bestimmt über Ihr Schicksal. Das Schicksal hat jeder selbst in der Hand. Die Karten geben Hinweise und unterstützen das Bewusstwerden von Prozessen bzw. Situationen. Aber jeder kann jederzeit das Steuerrad herumreißen und eine neue Richtung einschlagen. Die Wege können Sie unterstützen, zu erkennen, in welche Richtung Sie gehen möchten bzw. Ihnen aufzeigen, dass es an der Zeit ist, Entscheidungen zu treffen, die Ihnen vielleicht schon seit langem am Herzen liegen.

Die Mäuse – Karte 23:

Bedeutung: Ängste, Verlust, Sorgen

Person: Dieb

Zeitraum: Zeitverlust (verkürzen die Zeitaussagen der anderen Karten)

Die Karte, die links von den Mäusen liegt: zeigt, welchen Verlust Sie erleben bzw. was an Ihnen „nagt" (Ängste, Sorgen etc.)

Die Karte, die rechts von den Mäusen liegt: widmen Sie diesem Bereich/ diesem Thema mehr Aufmerksamkeit und Achtsamkeit, um dort nicht einen Verlust zu erleben

Die Mäuse sind als Hinweise auf die Gesichtspunkte in Ihrem Leben zu verstehen, denen Sie mehr Beachtung schenken sollten. Diese waren Ihnen vielleicht nicht bewusst und die Mäuse helfen Ihnen, diese zu erkennen bzw. sich Ihren Ängsten zu stellen.

Das Herz – Karte 24:

Bedeutung: Liebe, Verliebtheit, Liebenswürdigkeit, Zuneigung

Person: ein junger, liebevoller und positiver Mann

Das Herz ist die Karte der Liebe und des Glücks. Bleiben Sie auf Ihrem eingeschlagenen Pfad. Alles wird sich nach Ihren Hoffnungen entwickeln.
Taucht die Karte zwischen zwei Personenkarten auf, weist sie auf die Gefühle der Verbundenheit und Liebe beider hin. Sie kann auch eine Ermutigung sein, Ihr Herz für einen anderen Menschen zu öffnen.

Der Ring – Karte 25:

Bedeutung: der Ring steht für Verbindungen aller Art: Ehe, eheähnliche Gemeinschaft, Hochzeit, Verlobung, Einigungen, Verträge, Verpflichtungen

Person: ein Kreis von Personen, z.B. ein Verein

Zeitraum: eine in sich geschlossene Periode von etwa sieben Jahren

Um welche Verbindung es geht, zeigen die Umgebungskarten. Neben dem Park steht er für Hochzeit, neben dem Schiff für eine Hochzeitsreise und neben dem Anker bedeutet der Ring Verträge, die den Job bzw. das Geschäft betreffen. Er symbolisiert zudem auch, dass Sie sich an etwas gebunden fühlen, wie z.B. Ihre Beziehung.

Das Buch – Karte 26:

Bedeutung: Geheimnis, Verborgenes, Bildung, Studium, Ausbildung

Person: eine geheimnisvolle, verschlossene, intelligente Person

Zeitraum: Zukunft

Die Karte, die links vom Buch liegt: zeigt ein Geheimnis, dass Ihnen bisher unbekannt war
Die Karte, die rechts vom Buch liegt: zeigt Ihnen einen bis dato verborgenen Gesichtspunkt, bei dem Sie bald Klarheit erlangen

Das Buch steht ebenso für Bildung und Lernen. Wenn es neben den Störchen oder dem Schiff liegt, weist es auf einen Umzug bzw. einen neuen Lebensabschnitt aufgrund einer Ausbildung hin.

Der Brief – Karte 27:

Bedeutung: Nachricht, Neuigkeit, Informationen, Telefongespräch, SMS, Brief, E-Mail, Kommunikation und Kontakt

Person: kontaktfreudige, offene Person

Zeitraum: nur für kurze Zeit, eilig, bald, kurz

Sie werden in der nächsten Zeit eine Botschaft mündlich oder schriftlich erhalten, die für Sie persönlich bedeutsam sein wird.

Der Herr – Karte 28:

Bedeutung: der Fragesteller selbst oder der Herzensmann/ -frau, Lebenspartner/-in, Ehemann/ -frau, Partner/-in der Fragestellerin

Die umliegenden Karten zeigen die Eigenschaften des Herrn. Kombinieren Sie die umliegenden Karten mit dem Herrn, zeigt sich, was ihm gerade durch den Kopf geht. Ein Beispiel: Grenzt das Herz an die Karte des Herrn, zeigt es seine Herzlichkeit und Liebenswürdigkeit. In Kombination steht das Herz dafür, dass der Herr sich mit der Liebe beschäftigt.

Die Dame – Karte 29:

Bedeutung: die Fragestellerin selbst oder die Herzensdame/ -mann, Lebenspartner/ -in, Ehefrau/ -mann, Partner/ -in des Fragestellenden

Die umliegenden Karten zeigen die Eigenschaften der Dame. Kombinieren Sie die umliegenden Karten mit der Dame, zeigt sich, was ihr gerade durch den Kopf geht. Ein Beispiel: Grenzt der Reiter an die Karte der Dame, zeigt er ihre Lebendigkeit und Sportlichkeit. In Kombination steht der Reiter dafür, dass die Dame sich mit z.b. Unternehmungen, Treffen oder Aktivitäten beschäftigt.

Die Lilien – Karte 30:

Bedeutung: Familie, Harmonie, Sexualität, Frieden

Person: ein älterer, gütiger, reifer Mann, meist aus dem engeren Familienkreis

Zeitraum: Winter

Die Lilien symbolisieren eine Zeit der Harmonie und des Friedens. Neben dem Haus stehen die Lilien z.B. für Harmonie in der Familie.
In Bezug auf Partnerschaft oder zwischen zwei Personenkarten deuten die Lilien auf sexuelles Interesse bzw. Sexualität hin.

Die Sonne – Karte 31:

Bedeutung: Wärme, Energie, Kreativität, Glück, Licht, Lebensfreude, Erfolg

Person: willensstarke, kreative, optimistische Person

Zeitraum: Sommer, Sonnenaufgang bis zur Mittagszeit

Diese Karte steht für Glück, Erfüllung von Hoffnung und Lebensfreude.

Der Mond – Karte 32:

Bedeutung: Seele, Intuition, Gefühle, Träume

Person: gefühlvolle, sensible, bisweilen launische Person

Zeitraum: Abend

Die umliegenden Karten zeigen verborgene Gefühle, Ängste, Hoffnungen oder Themen auf. Liegt der Mond zwischen zwei Personenkarten, besteht zwischen ihnen eine große Anziehungskraft.

Der Schlüssel – Karte 33:

Bedeutung: eine Tür öffnet sich, Erfolg, Aufstieg, Erfüllung eines Traumes, etwas geschieht mit Sicherheit

Person: selbstsichere, selbstbewusste, zuverlässige Person

Die Umgebungskarten zeigen, was der Schlüssel öffnen wird bzw. soll.
Die Karte, die rechts neben dem Schlüssel liegt, wird mit Sicherheit eintreffen.

Die Fische – Karte 34:

Bedeutung: Psyche, Finanzen, Eigentum,

Geldangelegenheiten

Person: ein fleißiger, tüchtiger, eher materiell orientierter Mann

Die Fische symbolisieren Ihre Finanzen bzw. Ihren Besitz. Dieser kann vermehrt aber auch weniger werden. Die Umgebungskarten weisen darauf hin. Mäuse warnen z.B. vor einem finanziellen Verlust, der Schlüssel hingegen steht für erfolgreiche Geschäfte.
In Verbindung mit Personenkarten stehen die Fische für tiefe Gefühle.

Der Anker – Karte 35:

Bedeutung: Job, Beruf, Ausbildung, Dauerhaftigkeit, Verankerung, nicht loslassen können

Person: fest im Leben verankernde Person; manchmal festgefahrene, klammernde Person

Der Anker steht für die beruflichen Aspekte bzw. Ausrichtungen in Ihrem Leben. Er symbolisiert u.a. auch die Dauerhaftigkeit einer Situation oder die Verankerung in einer Beziehung.

Das Kreuz – Karte 36:

Bedeutung: Schicksal, Karma, Glaube, Belastung

Zeitraum: zwei bis drei Wochen

Die Karte, die links vom Kreuz liegt: verliert an Bedeutung

Die Karte, die rechts vom Kreuz liegt: gewinnt an Bedeutung
Kreuz über einer Karte: eine Belastung, Schicksal

Das Kreuz ist eine Schicksalskarte. Die Umgebungskarten weisen Sie darauf hin, welche Vorkommnisse in Ihrem Leben von Bedeutung sind.

Die Lenormandkarten im Überblick

Reiter Karte 1 Positive Nachricht; Aktivität	Klee Karte 2 Glück, Freude, Frohsinn	Schiff Karte 3 Geduld, Reise, Sehnsucht	Haus Karte 4 Zuhause, Familie, Stabilität
Baum Karte 5 Gesund- heit, Ent- wicklung, Leben	Wolken Karte 6 Probleme, Unklar- heiten	Schlangen Karte 7 Hinterlist, Verwick- lungen, Umwege	Sarg Karte 8 Veränder- ung, Ende, Transfor- mation
Blumen Karte 9 Besuch, Freude, Einladung	Sense Karte 10 Vorsicht, Warnung, Erntezeit	Ruten Karte 11 Streit, Gespräch, Kommu- nikation	Vögel Karte 12 Hektik, Stress, Sorgen
Kind Karte 13 Kind, Neu- beginn	Fuchs Karte 14 Betrug, List, Lügen	Bär Karte 15 Stärke, Kraft, Macht	Sterne Karte 16 Klarheit, Glück, Spirituali- tät

Störche Karte 17	*Hund* Karte 18	*Turm* Karte 19	*Park* Karte 20
Veränder-ung, Wandel	Freund-schaft, Treue, Vertrauen	Isolation, Trennung, Behörde	Öffent-lichkeit, viele Menschen
Berg Karte 21	*Wege* Karte 22	*Mäuse* Karte 23	*Herz* Karte 24
Hindernis, Frust, Blockaden	Entschei-dung, Weg-gabelung	Ängste, Verlust, Sorgen	Liebe, Zu-neigung
Ring Karte 25	*Buch* Karte 26	*Brief* Karte 27	*Herr* Karte 28
Ehe, Partner-schaft, Verträge	Geheim-nis, Bildung	Nachricht, Neuigkeit, Informa-tion	Frage-steller, Partner/-in
Dame Karte 29	*Lilien* Karte 30	*Sonne* Karte 31	*Mond* Karte 32
Frage-stellerin, Partner/-in	Familie, Harmonie, Sexualität	Glück, Wärme, Kreativität	Seele, Intuition, Gefühle
Schlüssel Karte 33	*Fische* Karte 34	*Anker* Karte 35	*Kreuz* Karte 36
Erfolg, Sicherheit, Erfüllung	Psyche, Finanzen, Eigentum	Job, Beruf, Dauer-haftigkeit	Schicksal, Karma, Belastung

Die Legungen

Im Laufe der Jahre wurden verschiedenste Legungen der Lenormandkarten entwickelt. Ich stelle in diesem Buch Legungen vor, die Ihnen ermöglichen, in vielen Lebenssituationen die Karten um Rat zu fragen. Ich habe bewusst auf Beispieldeutungen verzichtet, um Ihnen den Raum zu geben, selbst Ihren Weg der Deutung zu finden. Probieren Sie es aus! Einige Legungen werden Ihnen gefallen, andere vielleicht weniger. Mit der Zeit entwickeln Sie Ihr System und arbeiten erfolgreich mit Ihren Lenormandkarten. Vertrauen Sie sich!

Bevor Sie die Legungen für sich ausprobieren, können Sie zunächst Karten einzeln legen, um sich mit den Bildern und Bedeutungen vertraut zu machen. Ziehen Sie eine Karte und nehmen Sie sich Zeit, diese kennen zu lernen. Danach können Sie eine zweite Karte ziehen. Betrachten Sie diese erst für sich und anschließend versuchen Sie beide Karten zu kombinieren.
Mit jeder Legung erlangen Sie zunehmend mehr Sicherheit im Umgang mit den Lenormandkarten. Gehen Sie offen und ehrlich an das Kartenlegen heran und Sie werden Ihren Gewinn daraus ziehen können.

Auf den folgenden Seiten erläutere ich diese Legungen:

- Legesysteme für den kurzen Überblick über Ihr Leben
- Der Lösungsweg
- Die Entscheidung zwischen zwei Möglichkeiten
- Das keltische Kreuz
- Das Lebensziel
- Die Partnerlegung
- Die große Tafel

Legesysteme für den kurzen Überblick über Ihr Leben

Das Drei-Karten-Legesystem sowie das Fünf-Karten-Legesystem ermöglichen Ihnen einen Überblick über Ihre aktuelle Situation, Ihre Vergangenheit und Ihre Zukunft. Die beiden Legesysteme helfen Ihnen auf einen Blick ein Gefühl für Ihre Situation, Ihre Sorgen, Ihre Gedanken und Ihr Ziele zu bekommen. Nutzen Sie die Karten zur Selbstreflexion oder als Motivation auf Ihrem Lebensweg. Sie können diese Legesysteme ebenso als Grundlage für weitere Legungen nutzen.

Das Drei-Karten-Legesystem

Mischen Sie alle Karten und ziehen verdeckt drei Karten.

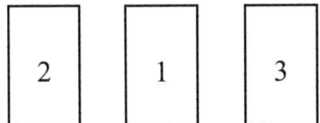

Karte 1: Ihre aktuelle Situation
Karte 2: Ihre Vergangenheit oder das, was bereits vorhanden ist
Karte 3: Ihre Zukunft oder das, was Sie neu beachten sollen

Das Fünf-Karten-Legesystem

Mischen Sie alle Karten und ziehen verdeckt fünf Karten.

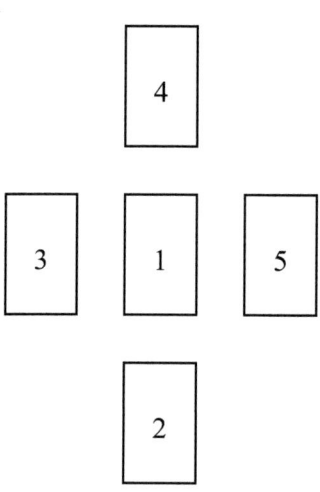

Karte 1: Aktuelle Situation/ Thema
Karte 2: Ihre Basis der Situation
Karte 3: Ihre Vergangenheit
Karte 4: Ihre Chancen
Karte 5: Ihre Zukunft

Der Lösungsweg

Jedes Problem, jeder Konflikt sowie jedes Hindernis birgt in sich die Herausforderung eine Lösung zu finden. Mithilfe der Lenormandkarten können Sie einen Überblick über Ihre Stärken, Ihre Ängste, Ihr Problem und Ihre Lösung erhalten. Nutzen Sie die Karten in schwierigen Situationen zur Selbstreflexion. Besinnen Sie sich auf Ihre Fähigkeiten, Freunde, Familie, Wünsche und Bedürfnisse. Ängste und Zweifel werden meist ebenfalls in den Legungen sichtbar und motivieren Sie, sich mit diesen auseinanderzusetzen. Sie werden eine Lösung finden, denn Sie haben Ihr Leben in der Hand und somit jederzeit die Chance etwas zu verändern oder einen neuen Kurs einzuschlagen.

Die Legung „Lösungsweg" kann Sie auf Ihrer Suche nach einer Lösung unterstützen. Am Ende der Suche haben Sie neue Erfahrungen gemacht, sind gereift und haben ein neues Verständnis für sich und Ihre Umwelt erlangt.

Legen Sie zuerst die passende Themenkarte auf Position 1, z.B. den Anker, wenn es um ein Problem mit der Arbeit geht. Mischen Sie danach die restlichen Karten und denken Sie dabei an Ihre Frage. Dann ziehen Sie vier Karten verdeckt. Legen Sie diese wie folgt aus und decken diese anschließend nacheinander auf:

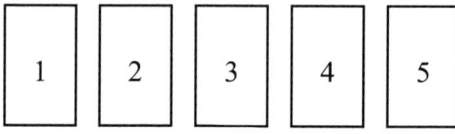

Karte 1:   Ihre Situation/ Ihr Problem
Karte 2 bis 4: Ihr Weg zur Lösung
Karte 5:   Ihre Lösung

Die Entscheidung zwischen zwei Möglichkeiten

Diese Legung unterstützt Sie bei einer bevorstehenden Entscheidung. Sie bietet Ihnen einen Ausblick über die Konsequenzen Ihrer Entscheidung. Es gibt stets mehrere Lösungen. Wenn Ihnen die beiden Alternativen nicht gefallen, dann fühlen Sie sich motiviert über einen dritten Weg nachzudenken. Sie können jederzeit Ihre Meinung ändern und haben Einfluss auf Ihr Schicksal. Die Karten nehmen Ihnen Ihre Entscheidung nicht ab, aber sie helfen Ihnen Klarheit über den für Sie besseren Weg zu gewinnen.

Wählen Sie zuerst die passende Karte zu Ihrem Thema, z.B. das Haus bei einer Entscheidung in Bezug auf Ihre Familie, das Herz bei einer Entscheidung in Bezug auf die Liebe etc. Diese legen Sie in Position 1. Danach mischen Sie die restlichen Karten und denken während des Mischens an Ihre Entscheidungsfrage. Danach ziehen Sie verdeckt sechs Karten und legen Sie wie folgt aus:

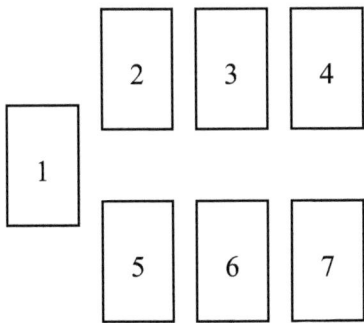

Karte 1: Thema
Karte 2 bis 4: Zukunft des Weges 1
Karte 5 bis 7: Zukunft des Wegs 2

Das keltische Kreuz

Das keltische Kreuz ist eines der bekanntesten Legesysteme. Es eignet sich zur Beantwortung Ihrer Fragen zu jedem Thema sei es Liebe, Beruf, Hobby, Wünsche etc. Es vereint die Vergangenheit und Zukunft, Ihre Stärken und Gedanken.

In den ersten sechs Karten erhalten Sie einen Überblick über Ihre aktuelle Situation, die Basis dieser und die Rolle der Vergangenheit und der Gegenwart sowie einen Ausblick auf die nahe Zukunft.

Die restlichen vier Karten zeigen den zukünftigen Weg und das Ergebnis.

Mischen Sie alle 36 Karten und ziehen Sie zehn Karten verdeckt. Legen Sie diese nach folgendem Schema aus:

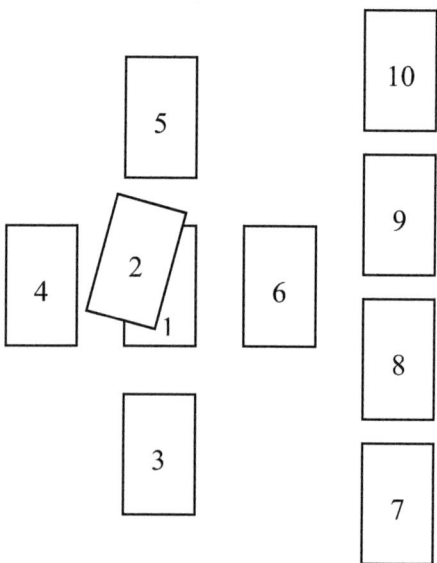

Karte 1:	Situation, Frage des Themas
Karte 2:	Ergänzung bzw. Herausforderung des Themas/ der Situation
Karte 3:	Basis der Situation
Karte 4:	die Vergangenheit, die mit der Situation in Zusammenhang steht
Karte 5:	die Gegenwart
Karte 6:	die nahe Zukunft
Karte 7:	Ihre Stärken, Ihre Einstellungen
Karte 8:	Ihre Umwelt, was oder wer Einfluss/ Wirkung auf Sie hat
Karte 9:	Ihre Hoffnungen oder Ängste
Karte 10:	Ergebnis, Ziel

Das Lebensziel
- Legung über den Weg zu Ihrem Lebensziel

Die Legung über Ihr Lebensziel bzw. eines Ihrer Lebensziele offenbart Ihnen, wo Sie momentan stehen und wohin Ihre Reise Sie führen wird. Die Karten zeigen Ihnen, wer oder was Sie unterstützen wird und welches Hindernis Sie überwinden müssen, um an Ihr Ziel zu gelangen.

Wie auch die anderen Legungen helfen die Karten Ihnen, sich über Ihre Wünsche und Träume bewusst zu werden. Sie erkennen Ihre Ressourcen und können Schwierigkeiten lösungsorientiert begegnen, wenn Sie diese kennen und sich ihnen somit stellen können.

Nehmen Sie sich Zeit, jede Karte einzeln in die Hand zu nehmen und sie zu betrachten. Hören Sie auf Ihr Herz und Ihre Ideen. Beziehen Sie diese in Ihre Interpretation mit ein.

Mischen Sie alle 36 Karten und ziehen Sie sechs Karten verdeckt. Legen Sie diese der Reihe nach in das folgende Legeschema. Danach decken Sie die Karten nacheinander auf.

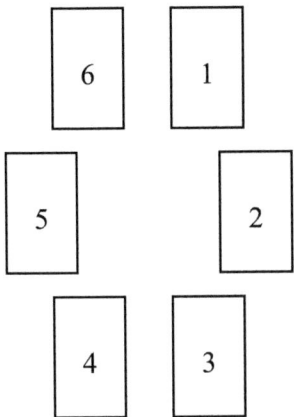

Karte 1:   Ihr Ausgangspunkt
Karte 2:   Ihre Gedanken
Karte 3:   Die Reaktion Ihrer Umwelt
Karte 4:   Ihre Unterstützung
Karte 5:   eine Blockade auf dem Weg
Karte 6:   Ihr Lebensziel

Die Partnerlegung

Die Partnerlegung eignet sich für zwei Menschen, die zueinander in Beziehung stehen, z.B. in einer Partnerschaft, in einer Mutter-Tochter-Beziehung, in einer Freundschaftsbeziehung etc.
Die Karten unterstützen Sie dabei, sich über sich selbst und Ihren Partner Klarheit zu gewinnen. Sie können durch die Karten die Perspektive des Partners einnehmen und ihn dadurch besser verstehen lernen.

Die Karten können gemeinsam mit dem Beziehungspartner, aber auch allein gelegt werden. Nehmen Sie sich Zeit und lassen Sie die Karten auf sich wirken. Folgen Sie Ihren ersten Impulsen und Gedanken in Bezug auf die Bedeutung der Karten. Spüren Sie Ihren Gefühlen nach und sprechen Sie mit Ihrem Partner darüber oder schreiben Sie Ihre Gedanken auf.
Die Karten können Sie auf neue Gedanken bringen oder auch Ideen bestätigen.

Bei der Legung allein:
Nutzen Sie die Karten, um für sich Klarheit über Ihre Gefühle, Hoffnungen, Unstimmigkeiten usw. zu gewinnen. Die Karten geben Ihnen zudem die Möglichkeit, sich in Ihren Partner einzufühlen und ihn dadurch besser verstehen zu lernen. Setzen Sie sich auf seinen Platz. Schließen Sie die Augen und denken einen Moment lang an Ihren Partner. Dann lassen Sie „seine" Karten auf sich wirken. Was bedeuten die Karten für ihn und für Sie? Wie fühlen Sie sich, wenn Sie das Kartenbild insgesamt betrachten? Das Ergebnis kann Sie bei Entscheidungen, Gesprächen oder Lösungsfindungen unterstützen.

Bei der Legung zu zweit:
Haben Sie den Mut, offen und ehrlich miteinander zu sprechen. Was lösen die Karten in Ihnen aus? Was wünschen Sie sich für Ihre Beziehung? Nutzen Sie Ich-Botschaften: „Ich wünsche...", „Ich fühle...", „Ich ärgere mich..." etc. Vorwürfe bergen die Gefahr, dass Sie beide sich zurückziehen und statt gemeinsam Lösungen zu finden, eine Abwehrhaltung einnehmen. Gönnen Sie sich die Zeit, dem anderen zu zuhören, ihn ausreden zu lassen und ihn ernst zu nehmen. Lösungen müssen nicht immer sofort gefunden werden. Aber ein Gespräch ist ein Anfang, um Ihren gemeinsamen Weg zu finden.

Wenn Sie mit Ihrem Partner die Legung durchführen, dann mischen Sie gemeinsam alle 36 Karten. Danach ziehen Sie abwechselnd Ihre Karten, insgesamt 8 Karten.

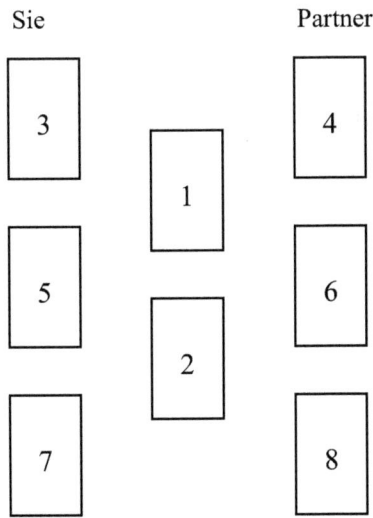

Karte 1 und Karte 2:
Diese Themen spielen in Ihrer Beziehung eine große Rolle.

Karte 3 und Karte 4:
Ihre Gedanken über Ihren Partner.

Karte 5 und Karte 6:
Ihre Gefühle: Was empfinden Sie für Ihren Partner?

Karte 7 und Karte 8:
Ihre Zukunftsvorstellung für Ihre Beziehung.

Die große Tafel schenkt Ihnen einen Überblick über Ihr gesamtes Leben. Themen, die Sie interessieren bzw. bewegen werden auftauchen. Die Auslegung aller 36 Karten öffnet Ihnen den Blick für bewusste und unbewusste Gedanken und Beweggründe. Nehmen Sie sich Zeit und lassen Sie die Karten auf sich wirken! Welche Karte springt Ihnen besonders ins Auge? Schenken Sie dieser Aufmerksamkeit! Vertrauen Sie Ihren Gefühlen und Ideen bei der Interpretation der Karten!

Mischen Sie die Karten und denken dabei an sich und Ihre Fragen. Legen Sie die Karten offen wie folgt aus:

1							8
25							32

	33	34	35	36	

Die Eckkarten offenbaren Ihre aktuellen Gedanken, Sorgen und Themen. Dafür kombinieren Sie die Karte 1 mit der Karte 32 und die Karte 8 mit der Karte 25.

Die unteren vier Karten zeigen Ihnen, was in den nächsten vier bis acht Wochen auf Sie zu kommen wird. Sie kombinieren die Karte 33 mit der Karte 34 und die Karte 35 mit der Karte 36.

Die anderen Karten können Sie thematisch betrachten. Führen Sie z.B. eine feste Beziehung oder Ehe? Dann sehen Sie sich den Ring und die Karten, die sich direkt um diese Karte herum befinden, an. Diese geben Ihnen in Kombination mit dem Ring einen Einblick über Ihre aktuelle Situation, Ihre Gefühle, vielleicht auch Ängste und bei Zeitkarten einen Ausblick in die Zukunft. Machen Sie sich Gedanken um Ihren Job, dann blicken Sie auf den Anker und dessen Umgebungskarten. Geht es Ihnen um die Liebe, zeigt Ihnen das Herz, wo Sie gerade stehen usw.

Die große Tafel ermöglicht Ihnen auch einen Blick auf Ihre Vergangenheit und Ihre Zukunft. Es kommt dabei darauf an, wo sich Ihre Personenkarte befindet (als Fragestellerin sehen Sie auf die Dame und als Fragesteller auf den Herrn). Die Lage entscheidet darüber, wie weit Sie in die Zukunft oder Vergangenheit blicken können.

Ein Beispiel zeigt Ihnen, wie Sie die Karten deuten können.

1	G		F		E		8
		G	F	E			
C	C	C	**A**	B	B	B	B
25		D		H			32
	33	34	35	H 36			

A – Personenkarte
B – nahe Zukunft
C – Vergangenheit
D – ferne Vergangenheit
E – Zukunft der Gegenwart
F – aktuelle Gedanken
G – nahe Vergangenheit
H – ferne Zukunft

Befindet sich Ihre Personenkarte sehr weit rechts, beschäftigt Sie zurzeit Ihre Vergangenheit bzw. haben Sie noch nicht mit dieser abgeschlossen. Liegt Ihre Personenkarte sehr weit links, konzentrieren Sie sich im Moment mehr auf Ihre Zukunft als auf Ihre

Vergangenheit.
Die Karten über Ihrer Personenkarte zeigen wie die Eckkarten Ihre aktuellen Gedanken, Themen und Sorgen.

Die Karten, die in Ihre Zukunft verweisen, zeigen Ihnen, wie sich Ihr Weg für Sie entwickeln würde, wenn Sie genauso weitermachen wie bisher. Ändern Sie in Ihrem Leben etwas, wirkt sich das auf Ihr Kartenbild aus. Die Zukunft ist nicht starr, sondern wird von Ihrem Wirken und Handeln beeinflusst. Nutzen Sie die Karten stets als Hinweis, jedoch nicht als unumstößliches Gesetz. Denken Sie daran! Sie haben Ihr Leben in der Hand! Die Karten dienen als Ratgeber und können Ihnen behilflich bei Entscheidungen sein, Ihnen diese jedoch niemals aus der Hand nehmen.

Die Lenormandkarten als Tageskarten

Die Lenormandkarten können Ihnen im Alltag als Wegbegleiter und Unterstützer dienen. Sie helfen Ihnen, sich einige Zeit lang, auf sich selbst zu besinnen und zu konzentrieren.

Selbstbesinnung gewinnt in unserer hektischen Alltagswelt immer mehr an Bedeutung. Wenn Sie den ganzen Tag Ihre Verpflichtungen erfüllen, versuchen den Zeitplan einzuhalten und Ihre Tagesziele zu erreichen, kann es passieren, dass Sie sich selbst nicht mehr spüren. Wenn Sie jetzt einen Moment innehalten und in sich gehen? Was brauchen Sie? Eine Umarmung, eine Tasse Kaffee, Bewegung? Es ist leicht im Alltag den Kontakt zu sich selbst zu verlieren, da jeder vielen Anforderungen gerecht werden muss. Das kann jedoch früher oder später zu Gefühlen der Frustration, der Erschöpfung oder der Freudlosigkeit führen. Steuern Sie dem entgegen, in dem Sie achtsam mit sich umgehen. Die Lenormandkarten können eine Hilfe dabei sein, denn Sie nehmen sich Zeit für sich selbst: Zeit, die Karten in die Hand zu nehmen, Zeit, diese zu betrachten und Zeit, über sie nachzudenken.

Mithilfe der Tageskarte können Sie sich also einen Zeitraum für Ruhe und Stille schaffen. Ziehen Sie sich am besten regelmäßig jeden Tag zu einer festgelegten Zeit an einen Ort der Ruhe zurück. Das kann im Garten, in Ihrem Wohnzimmer oder auf dem Balkon sein. Wo immer Sie sich wohlfühlen und Sie keine Ablenkung erfahren.

Setzen Sie sich entspannt hin und atmen Sie ein paar Mal tief ein. Mischen Sie alle 36 Karten und ziehen Sie anschließend eine. Dann betrachten Sie die Karte in Ihrer Hand. Lassen Sie die Gedanken fließen. Sie können auch Ihre Augen schließen. Atmen Sie entspannt ein und aus und denken Sie dabei an die Karte.

Ziel dieser Übung ist es, dass Sie Zeit für sich schaffen und Kontakt zu Ihrem Inneren bekommen. Sie können die Tageskarte als Reflexion oder auch als Motivation begreifen. Was bringt Ihnen der Tag bzw. wie war Ihr Tag? Wie fühlen Sie sich? Was erwarten Sie? Wurden Ihre Erwartungen erfüllt? Wie gehen Sie heute in den Tag? Wie schließen Sie den Tag ab?
Ziehen Sie regelmäßig morgens oder abends eine Karte für Ihren Tag. Lassen Sie sich beim Betrachten und Interpretieren neben den beschriebenen Bedeutungen von Ihren Gefühlen und Ihrer Intuition leiten.

Die Bedeutungen der Tageskarten

Der Reiter, Nr. 1

Der Reiter steht für Botschaften, Bewegung und Neuigkeiten. Heute erhalten Sie eine positive Nachricht in Form eines Anrufes, eines Briefes, einer Sms oder eine E-Mail. Etwas gerät in Bewegung: eine Beziehung zu einem Freund oder einer Person aus Ihrer Vergangenheit. Gehen Sie mit Ihrem Partner aus. Treiben Sie Sport bzw. halten Sie sich körperlich fit.

Der Klee, Nr. 2

Der Klee bedeutet Glück und Freude. Genießen Sie den Tag! Ergreifen Sie die Gelegenheiten, die sich Ihnen in der Partnerschaft, in der Liebe und im Beruf bieten. Folgen Sie Ihrem Herzen und seien Sie aufmerksam für die kleinen Freuden in Ihrem Alltag. Gönnen Sie sich Momente des kleinen Glücks, wie ein Treffen mit einem Freund, ein paar Seiten lesen, einen Film schauen, eine

Stück Torte, ein paar Sonnenstrahlen auf Ihr Gesicht usw. Was Ihnen persönlich gut tut und gefällt!

Das Schiff, Nr. 3

Das Schiff steht für Ihre Sehnsüchte und Wünsche in allen Lebensbereichen. Steuern Sie Ihre Ziele an oder reißen Sie das Ruder herum, wenn Sie sich verfahren haben. Jeder Tag beinhaltet eine Chance, neue Wege zu gehen. Manchmal dauert die Reise einige Zeit, manchmal braucht es Geduld, um an sein Ziel zu gelangen. Behalten Sie Ihre Träume im Blick. Jede Reise beginnt mit dem ersten Schritt. Heute können Sie diesen wagen!

Das Haus, Nr. 4

Diese Karte bedeutet Stabilität, Wärme, Heimat und Familie. Besinnen Sie sich auf das, was Ihnen Stabilität und Sicherheit verleiht. Ihre Familie, Ihre Wohnung, Ihre Freunde, Ihre Arbeit? Gibt es Bereiche in Ihrem Leben, in denen Sie unsicher sind? Heute ist ein Tag, sich diesen Unsicherheiten zu stellen. Wodurch fühlen Sie sich sicher und geborgen? Was verleiht Ihnen ein Gefühl von Stabilität? Brauchen Sie vielleicht sogar einen Tapetenwechsel oder wollen Ihr Heim wohnlicher gestalten? Sorgen Sie für sich und Ihr Wohlbefinden!

„Nicht da ist man daheim, wo man seinen Wohnsitz hat, sondern wo man verstanden wird." Christian Morgenstern

Der Baum, Nr. 5

Stabilität, Dauerhaftigkeit und Standhaftigkeit sind die Eigenschaften eines Baumes und die Elemente dieser

Karte. Eine stabile Gesundheit ist eine wichtige Grundlage für ein langes Leben. Gehen Sie heute hinaus in die Natur. Atmen Sie tief ein und erden Sie sich. Werden Sie sich Ihrer eigenen Kraft und inneren Stärke bewusst. So können Sie den Stürmen des Lebens trotzen.

Die Wolken, Nr. 6

Sorgen, Unsicherheiten und Ängste vernebeln oft die Sicht auf Situationen. Schieben Sie die dunklen Wolken beiseite. Seien Sie mutig und wagen einen klaren Blick auf Ihr Leben. Gehen Sie dabei einen Schritt zurück und versuchen Ihre Fragen oder Probleme aus verschiedenen Blickwinkeln zu betrachten. Dabei können Ihnen Gespräche mit dem Partner, Freunden, Beratern, Experten oder eine Legung mit den Lenormandkarten helfen. Vertrauen Sie Ihrer inneren Kraft!

Die Schlangen, Nr. 7

Das Leben hält immer wieder Verwicklungen, Komplikationen oder Umwege bereit. Geben Sie nicht auf, wenn sich Schwierigkeiten auf Ihrem Weg bemerkbar machen. Stellen Sie sich diesen und vertrauen Sie dabei auf Ihr Herz. Sie wissen selbst am besten, was Ihnen guttut und welche Wünsche Sie für Ihr Leben haben. Umwege beinhalten oft überraschende Wendungen. Lassen Sie sich nicht unterkriegen!

Der Sarg, Nr. 8

Der Sarg steht für Wandlung sowie für das Ende und somit den Beginn einer neuen Phase in Ihrem Leben. Diese Veränderungen können in den verschiedensten Bereichen Ihres Lebens auftreten. Beispielsweise ändern

Sie aufgrund innerer Entwicklung Ihre Wünsche, Glaubenssätze, Beziehungen, Wertvorstellungen oder die Einstellungen zu anderen Menschen. Spüren Sie in sich hinein! Hat sich etwas in letzter Zeit in Ihrem Leben verändert? Wollen Sie einen Wandel? Veränderungen bergen Hoffnung in sich! Glauben Sie an sich und gestalten Sie Ihr Leben nach Ihren Bedürfnissen!

Der Blumenstrauß, Nr. 9

Der Blumenstrauß ist eine positive Karte. Sie steht für Freude, Überraschungen und/ oder Einladungen. Ihnen steht ein schöner Tag bevor. Gibt es jemanden, dem Sie heute eine Freude machen wollen? Schenken bedeutet selbst mit einem Lächeln beschenkt zu werden! Oder kaufen Sie sich heute selber Blumen und machen sich selbst eine Freude! Begegnen Sie dem heutigen Tag mit einem lachenden Herzen!

Die Sense, Nr. 10

Sie haben in der Vergangenheit Arbeit und Mühen investiert. Heute werden Sie belohnt. Die Sense ermutigt Sie, einen Blick auf Ihr geschaffenes Werk werfen!
Auch wenn Sie Ihr Ziel noch nicht erreicht haben sollten, schätzen Sie jeden Augenblick wert, in welchem Sie Ihre Kraft und Ihr Herz eingesetzt haben. Freuen Sie sich über alles Erreichte! Jedes Hindernis, jeder Fehlschlag ist ein Teil Ihres Weges, der zu Ihrem persönlichen Ziel führt. Glauben Sie an sich selbst! Sie werden die Früchte Ihrer Arbeit ernten!

Die Ruten, Nr. 11

Heute ist ein Tag der Gespräche. Wollen Sie jemanden treffen? Sich mit jemand aussprechen? Oder haben Sie ein Bewerbungsgespräch? Bereiten Sie sich auf diese Gespräche vor! Sortieren Sie Ihre Gedanken und sagen Sie das, was Ihnen am Herzen liegt. Ehrlichkeit, Offenheit und Optimismus können ein Gespräch zu einem besonderen Erlebnis machen, aus dem Sie und Ihr Gegenüber Mut, Ideen und Kraft schöpfen können!

Die Vögel, Nr. 12

Aufregung, Alltagssorgen und Stress begleiten viele Menschen jeden Tag. Auch heute kann es zu kleineren Tumulten in Ihrem Alltag kommen. Nehmen Sie sich schon am Morgen etwas vor auf das Sie sich freuen können!
Wenn es zu hektisch wird oder Sie sich überfordert fühlen, schauen Sie aus dem Fenster und atmen Sie tief durch. Konzentrieren Sie sich für kurze Zeit nur auf Ihre Atmung. Sie werden spüren, wie Sie zur Ruhe kommen. Haben Sie Vertrauen! Sie schaffen es!

Das Kind, Nr. 13

Heute steht Ihnen ein Neubeginn bevor! In einem Ihrer Lebensbereiche sei es in der Liebe, in der Partnerschaft, in der Familie oder auf der Arbeit, gehen Sie heute erste Schritte in eine neue Richtung! Seien Sie mutig und vertrauen auf sich! Jede Reise ist eine Chance auf Glück!

Der Fuchs, Nr. 14

Haben Sie das Gefühl, etwas in Ihrem Leben läuft

falsch? Wenn ja, dann schauen Sie genau hin und hinterfragen Sie sich ehrlich, warum und was Sie verändern können.

Diese Karte steht zudem für Intelligenz und Durchsetzungsvermögen. Sie erkennen die Möglichkeiten, die sich Ihnen auch heute bieten, um an Ihr Ziel kommen und setzen Ihre Fähigkeiten richtig ein. Sie schaffen alles, wenn Sie an sich glauben und offen für die Wege sind, die sich Ihnen bieten!

Der Bär, Nr. 15

Der Bär steht für Ruhe, Kraft und Stärke. „In der Ruhe liegt die Kraft", heißt ein Sprichwort. Suchen Sie heute Ihre innere Ruhe durch Meditation, einem Spaziergang oder Beten. Spüren Sie Ihren eigenen Energien nach und tanken Sie diese immer wieder auf!

Stark zu sein bedeutet auch liebevoll mit sich umzugehen und für sich zu sorgen. Nur dann können Sie für andere Menschen und im Alltag kraftvoll sein.

Die Sterne, Nr. 16

Heute stehen die Sterne gut für Sie! Es erwartet Sie ein Tag mit vielen Glücksmomenten, kreativen Einfällen und Klärung von Problemen. Falls Sie bei einem Projekt oder einer Idee schon längere Zeit mit der Umsetzung gezögert haben, tun Sie es heute. Vertrauen Sie auf Ihre Intuition, Kreativität und Zielstrebigkeit! Es gibt immer das Risiko des Scheiterns, aber in jedem Neuanfang steckt auch stets eine Chance! Und die gilt es zu nutzen!

Die Störche, Nr. 17

Die Störche bedeuten Veränderungen und Wandel. Dieser kann Ihnen heute sowohl innerlich aber auch äußerlich widerfahren. Oftmals schließen sich beide nicht aus. Diese Veränderungen können sich in Ihrer Arbeit, in Ihren Beziehungen, in Ihrer Seele oder in Ihrer Umwelt bemerkbar machen. Seien Sie heute aufmerksam und offen für sich und Ihre Umgebung. Häufig sind es die kleinen Veränderungen, die großen Einfluss auf uns haben. Veränderungen sind positiv, denn sie sorgen dafür, dass Sie sich Zeit für sich nehmen und sich mit sich selbst auseinandersetzen. Dadurch haben Sie die Möglichkeit, Dinge oder Verhaltensweisen an sich zu verändern, die Ihnen nicht mehr gefallen. Das Leben ist ein andauernder Transformationsprozess, der uns hilft, uns ständig weiterzuentwickeln.

Der Hund, Nr. 18

Der Hund ist ein Zeichen für Treue und Freundschaft. Nutzen Sie den Tag, um sich mit Ihren Freunden zu treffen, zu telefonieren oder zu schreiben. Jede Beziehung muss gepflegt und geschätzt werden und Freunde sind ganz besondere Menschen. Mit Ihnen teilen Sie gute und schlechte Zeiten.
Haben Sie seit längerem vor, sich bei jemand zu melden? Nehmen Sie sich heute die Zeit!
Im Laufe des Lebens gehen manche Freundschaften zu Ende. Ein Ende birgt immer einen Anfang in sich. Es öffnen sich Ihnen Türen für neue Beziehungen, die Ihnen viel Freude und Zuneigung bringen werden.

Der Turm, Nr. 19

Haben Sie sich zurückgezogen von der Welt? Der Turm steht für Rückzug und Trennung. Befreien Sie sich von Ihren Ketten, denn das Leben wartet auf Sie. Isolation kann für eine Weile hilfreich sein, aber sie darf kein

Dauerzustand werden! Sie schaffen es, sich dem Leben zu stellen!

Wollen Sie sich von etwas trennen? Alten Lastern, schlechten Beziehungen etc.? Trauen Sie sich zu, von diesen unabhängig zu werden und dadurch Freiheit zu erlangen. Dann erschließen sich Ihnen auch wieder neue Wege für Ihre Zukunft.

Der Park, Nr. 20

In einem Park treffen viele Menschen aufeinander. Diese Karte ermuntert Sie, hinauszugehen und in Kontakt mit der Welt zu kommen. Verspüren Sie heute die Lust, jemand kennen zu lernen? Nur zu! Gehen Sie aus, in ein Café, eine Bar, eine Disco oder chatten Sie!

Sehnen Sie sich heute lieber nach Ruhe und Stille? Dann genießen Sie einen Spaziergang in der Natur oder eine Radtour durch die Landschaft.

Der Berg, Nr. 21

Heute ist ein Tag, an dem Sie sich jeder Herausforderung stellen können. Der Berg stellt ein Hindernis auf dem Weg zu Ihren Zielen dar. Glauben Sie an sich, dann werden Sie jede Schwierigkeit, jede Blockade und jede Barriere überwinden! Sie haben die Stärke in sich! Scheuen Sie sich auch nicht davor, andere um Hilfe zu bitten. Gemeinsam kann man vieles erreichen!

Die Wege, Nr. 22

Stehen Sie vor einer Entscheidung? Denken Sie darüber nach, Ihrem Leben eine neue Richtung zu geben? Haben Sie das Für und Wider schon oft gegeneinander abgewogen und können sich trotzdem nicht zu einer

Entscheidung durchringen?

Sie stehen an einer Weggabelung. Nutzen Sie den heutigen Tag einen neuen Weg einzuschlagen! Egal welche Entscheidung Sie treffen werden, vertrauen Sie darauf, dass es die richtige ist. Sie können nicht alle Eventualitäten abwägen, aber Erfahrungen machen, die Ihr Leben bereichern werden!

Die Mäuse, Nr. 23

Mäuse sind kleine Nager, die bei den Lenormandkarten einen Hinweis darauf geben, dass uns etwas verloren geht. Im Fall von Blockaden, Sorgen oder Unsicherheiten ist dies eine gute Nachricht, in anderen Bereichen wie der Liebe oder dem Beruf gilt diese Karte als Warnung vor einem Verlust.

An welchen Lebensbereich haben Sie als erstes gedacht, als Sie die Mäuse gesehen haben? Gehen Sie heute in sich und fragen sich, woher diese Ängste kommen! Nehmen Sie sich genug Zeit für die Liebe, für sich oder Ihre Freunde? Fühlen Sie sich in Ihrem Beruf wohl? Finden Sie keinen Arbeitsplatz? Die Mäuse geben uns ein Signal: Sorgen Sie gut für sich! Seien Sie aufmerksam sich gegenüber und überprüfen immer wieder Ihr Wohlbefinden. Sobald Sie etwas an sich „nagen" fühlen, stellen Sie sich der Frage, wo es herkommt und was Sie dagegen unternehmen können!

Das Herz, Nr. 24

Nehmen Sie sich heute Zeit für die Liebe! Nutzen Sie den Tag, um auf Ihr Herz zu hören. Gibt es jemanden, dem Sie Ihr Herz öffnen können? Welche Arbeit liegt Ihnen am Herzen? Gönnen Sie sich mit Ihrem Partner Zeit für Zweisamkeit. Seien Sie herzlich und hilfsbereit anderen gegenüber!

Der Ring, Nr. 25

Der Ring ist ein Zeichen für Verbundenheit. In Beziehungen steht der Ring für eine feste und treue Bindung. Im Beruf ist der Ring ein Symbol für einen Arbeitsvertrag bzw. eine Vereinbarung.
Wollen Sie heute einen Vertrag abschließen? Dann prüfen Sie sich, ob Sie mit Ihrem ganzen Wissen und Herzen dahinterstehen. Nur dann können Sie Ihren Weg ohne Sorgen gehen.
Wollen Sie Ihrem Herzenspartner eine Liebeserklärung machen? Diese Karte ermuntert Sie dazu! Haben Sie den Mut, Ihr Herz zu öffnen und Ihre Gefühle zu zeigen. Daraus kann eine wunderbare Verbindung entstehen!

Das Buch, Nr. 26

In einem Buch verbergen sich viele Seiten voller Wissen. Tragen Sie den Gedanken in sich, sich weiterzubilden bzw. ein Studium zu beginnen? Heute können Sie den ersten Schritt in diese Richtung unternehmen. Melden Sie sich an oder vertiefen Sie sich in Themen, mit denen Sie sich schon seit langem beschäftigen wollten. Jedes Wissen wird Ihnen in Ihrem Leben hilfreich zur Seite stehen. Und ein Buch zu lesen, kann auch sehr unterhaltsam sein! Viel Spaß!

Der Brief, Nr. 27

Sie erhalten heute eine Nachricht in Form eines Anrufes, Gespräches, Sms, Mail oder Briefes, die wichtige Informationen für Sie beinhaltet. Warten Sie auf eine Nachricht? Heute werden Sie eine Antwort erhalten. Seien Sie aufmerksam. Manchmal wird uns die Bedeutung eines Gespräches erst später bewusst. Aber wenn Sie genau zuhören, erreicht Sie die Botschaft, die

Ihr Gegenüber Ihnen überbringen möchte.

Der Herr, Nr. 28

Sind Sie ein Mann, dann fordert diese Karte Sie auf, sich heute auf sich selbst zu konzentrieren. Fühlen Sie in sich hinein und sorgen Sie gut für sich! Gönnen Sie sich heute etwas Schönes!
Sind Sie eine Frau, dann ermuntert diese Karte Sie, heute Ihrem Partner/ Ihrer Partnerin Aufmerksamkeit zu schenken. Genießen Sie Zweisamkeit! Oder nutzen Sie den heutigen Tag, um Ihren Herzensmann/ Ihre Herzensfrau anzusprechen!

Die Dame, Nr. 29

Sind Sie eine Frau, dann fordert diese Karte Sie auf, sich heute auf sich selbst zu konzentrieren. Fühlen Sie in sich hinein und sorgen Sie gut für sich! Gönnen Sie sich heute etwas Schönes!
Sind Sie ein Mann, dann ermuntert diese Karte Sie, heute Ihrer Partnerin/ Ihrem Partner Aufmerksamkeit zu schenken. Genießen Sie Zweisamkeit! Oder nutzen Sie den heutigen Tag, um Ihre Herzensfrau/ Ihren Herzensmann anzusprechen!

Die Lilien, Nr. 30

Ein Tag geprägt von Harmonie steht Ihnen bevor! Sie haben es selbst in der Hand! Gehen Sie mit sich und Ihrer Umwelt freundlich, rücksichtsvoll und liebevoll um. Schenken Sie anderen ein Lächeln! Sie werden erleben, wie viele Glücksmomente Ihnen heute dadurch widerfahren!

Die Sonne, Nr. 31

Die Sonne steht für Energie, Wärme, Kraft und Erfolg. Heute spüren Sie die Energie in sich, den Alltag leicht zu bewältigen, Pläne umzusetzen und sich selbst etwas Gutes zu tun! Power, Kreativität und Freude begleiten Sie durch den Tag! Tanken Sie auf, in dem Sie hinaus in die Natur gehen, die Sonne auf Ihrer Haut spüren, frische Luft atmen! Oder gönnen Sie sich Sport und Bewegung und im Anschluss ein Wellnessprogramm! Heute ist ein Tag des Wohlfühlens!

Der Mond, Nr. 32

Der Mond symbolisiert unser Seelenleben, unsere Gefühle und unseren Erfolg. Nehmen Sie sich heute Zeit, um in sich hineinzuspüren. Wie fühlen Sie sich? Spüren Sie Sorgen, Ängste oder Unsicherheiten? Oder fühlen Sie sich glücklich, optimistisch und fröhlich? In beiden Fällen schenken Sie Ihren Gefühlen Beachtung. Nehmen Sie diese bewusst wahr! Fröhlichkeit kann durch Bewusstwerdung verstärkt werden! Sorgen und Ängste können gelöst werden, in dem Sie sich mit Ihnen auseinandersetzen! Es gibt eine Lösung! Und Sie werden sie finden!

Der Schlüssel, Nr. 33

Schlüssel öffnen Türen, Schränke oder Herzen. Heute wird sich mit Sicherheit für Sie eine Tür öffnen. In der Liebe, im Beruf oder in der Freizeit. Seien Sie offen für neue Wege oder Möglichkeiten, die sich Ihnen bieten. Wagen Sie den ersten Schritt!
Sind Sie ein verschlossener Mensch, dann ermuntert diese Karte Sie, sich gegenüber Menschen, denen Sie vertrauen, ein bisschen zu öffnen. Reden Sie über Ihre

Freuden, Sorgen oder Nöte! Sie werden sehen, Ihr Vertrauen wird belohnt. Die anderen können Sie besser verstehen, wenn Sie wissen, was in Ihnen vorgeht!

Die Fische, Nr. 34

Heute raten Ihnen die Fische, etwas für Ihre Seele zu tun. Meditieren Sie, beten Sie, schreiben Sie Ihre Gedanken auf oder machen Sie einen Spaziergang in der Natur. Nutzen Sie Ihren Weg, um mit Ihrer Seele in Kontakt zu kommen. Sorgen Sie gut für sich, denn nur dann haben Sie Kraft und Energie für Ihren Alltag!

Der Anker, Nr. 35

Der Anker bewahrt ein Schiff davor, ohne Halt durchs Meer zu fahren. Was ist Ihr Anker in Ihrem Leben? Ihr Partner, Ihr Beruf, Ihre Familie, Ihre Hobbys oder auch mehrere Aspekte zusammen? Die Karte ermuntert Sie dazu, dankbar für Ihre Anker zu sein! Im Strom des Lebens sind Sie nicht allein!
Nutzen Sie heute glückliche Momente und verankern diese in Ihrem Bewusstsein! Das geschieht, in dem Sie diese fröhlichen Erlebnisse bewusst nachfühlen! Ihr Gefühl wird sich verstärken und in Ihre Erinnerung wandern. Wann immer Sie diese Erinnerung wachrufen, werden Sie das Glücksgefühl wieder spüren können! Das kann eine Stütze in schwierigen Zeiten sein!

Das Kreuz, Nr. 36

Das Kreuz bedeutet bei den Lenormandkarten Schicksal, Karma, Prüfung oder Belastung. Sie haben Ihr Schicksal selbst in der Hand. Die Karte ermutigt Sie, die Verantwortung für Ihr Leben zu übernehmen und es in die Richtung zu führen, in die Sie gehen wollen. Es treten im Leben immer wieder Situationen auf, die schwierig und anstrengend sind. Es liegt bei Ihnen, ob Sie wieder aufstehen und die Probleme zu lösen versuchen! Wenn Sie sich allein nicht stark genug fühlen, wenden Sie sich an andere und bitten Sie um Hilfe! Glauben Sie an sich und ein glückliches Leben! Dann werden Sie es erreichen!

Nachwort

Ich lebe mit meinem Mann und meinem vierjährigen Sohn in der Nähe von Hamburg. Ich bin ausgebildete Erziehungswissenschaftlerin (M.A.), Familien- und Sozialberaterin und Trauerbegleiterin. Ich arbeite selbstständig als Lebensberaterin und Trauerbegleiterin. In meiner Beratungspraxis erwarb ich im Laufe der Zeit verschiedene Methoden, Menschen zu beraten und zu begleiten.

Ziel meiner Arbeit ist es, die Klienten auf ihrem Weg bzw. auf ihrer Suche nach Lösungen zu unterstützen. Dabei helfe ich ihnen, eigene Ressourcen zu entdecken und Lebensziele klar zu formulieren.

Die Lenormandkarten haben sich immer wieder als große Hilfe in meiner Arbeit für all diejenigen, die offen dafür waren, erwiesen und deshalb arbeite ich gern mit ihnen. Ihre klare Bildsprache veranschaulicht leicht verständlich verschiedenste Aspekte im Leben des Betrachters. Durch das Legen der Karten können Sie einen Blick auf alles werfen, sozusagen in die Vogelperspektive treten, und alles mit einem gewissen Abstand betrachten. Dies macht es oft leichter, Probleme, Ängste, Ressourcen und Lösungen zu erkennen und sich ihnen zu stellen.

Ich möchte Ihnen noch einen Rat auf den Weg geben: Achten Sie beim Legen immer auf Ihre Formulierungen. Seien Sie achtsam bei Ihren Aussagen. Denken Sie stets daran, dass die Karten dazu dienen, Ihnen Gefühle, Beziehungen, Probleme und Konsequenzen aufzuzeigen. Die Karten bestimmen nicht Ihr Schicksal, sondern spiegeln Ihre aktuelle Situation und die sich daraus ergebenden Konsequenzen. Verändern Sie etwas in Ihrem Leben, zeigen sich auch in Ihrem Kartenbild Veränderungen.

Ich wünsche Ihnen stets den Mut, sich Ihrem Leben zu stellen und Ihren eigenen Weg zu gehen!

Ihre Susann Bontrup (Januar 2016)

Erziehungswissenschaftlerin (M.A.)
Familien- und Sozialberaterin (DEKRA)
Sozial- und Soziotherapeutin (DEKRA)
Trauer- und Sterbebegleiterin
Kartenlegerin

www.lebensberatung-stade.de
facebook – Trauerbegleitung und Lebensberatung Stade

Herstellung und Verlag:
BoD - Books on Demand, Norderstedt
ISBN 978-3-7386-1867-9